Impressum
Verlag: BABADADA GmbH, Nedderfeld 112 , 22529 Hamburg
Geschäftsführer / Verlagsleitung: Harald Hof
Druck: Books on Demand GmbH, In de Tarpen 42, 22848 Norderstedt

Imprint
Publisher: BABADADA GmbH, Nedderfeld 112 , 22529 Hamburg, Germany
Managing Director / Publishing direction: Harald Hof
Print: Books on Demand GmbH, In de Tarpen 42, 22848 Norderstedt, Germany

okul

школа

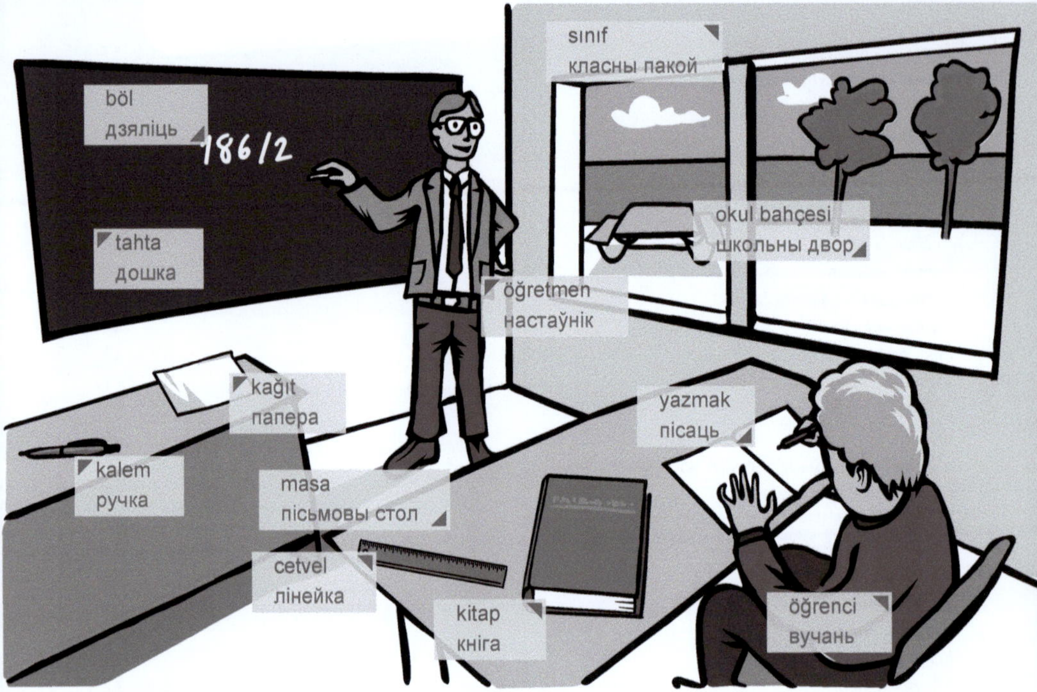

sınıf
класны пакой
böl
дзяліць
186/2
tahta
дошка
okul bahçesi
школьны двор
öğretmen
настаўнік
kağıt
папера
yazmak
пісаць
kalem
ручка
masa
пісьмовы стол
cetvel
лінейка
kitap
кніга
öğrenci
вучань

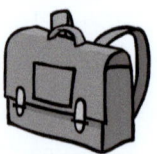

okul çantası

ранец

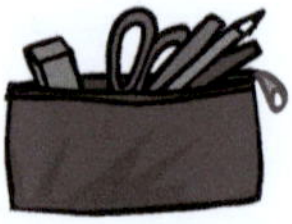

kalemlik

пенал

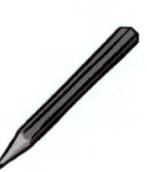

kurşun kalem

просты аловак

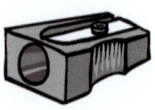

kalem açacağı

тачылка для алоўкаў

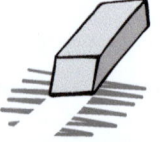

silgi

гумка

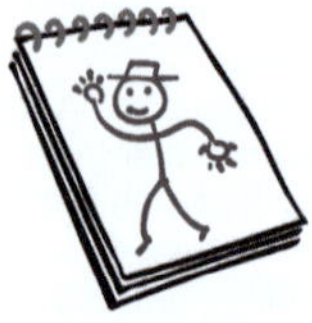

çizim defteri

альбом для малявання

çizim

малюнак

resim fırçası

пэндзлік

boya kutusu

фарбы

makas

нажніцы

tutkal

клей

alıştırma kitabı

сшытак

ödev

хатняе заданне

12

sayı

лік

2+2

ekle

дадаваць

5-2

çıkar

адымаць

2×2

çarp

множыць

hesapla

лічыць

A

harf

літара

ABCDEFG
HIJKLMN
OPQRSTU
VWXYZ

alfabe

алфавіт

kelime

слова

metin

тэкст

okumak

чытаць

tebeşir

крэйда

ders

ўрок

kayıt

класны журнал

sınav

экзамен

sertifika

атэстат

okul forması

школьная форма

eğitim

адукацыя

ansiklopedi

энцыклапедыя

üniversite

універсітэт

mikroskop

мікраскоп

harita

карта

kağıt çöp kutusu

смеццевы кошык

seyahat
падарожжа

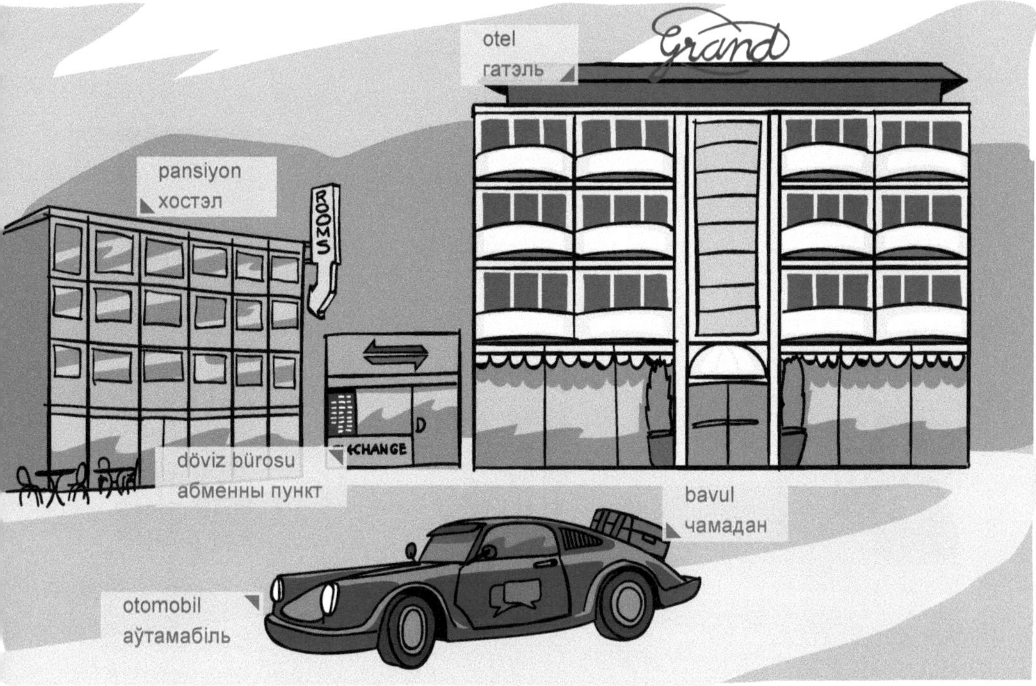

otel
гатэль
Grand
pansiyon
хостэл
ROOMS
döviz bürosu
абменны пункт
CHANGE
bavul
чамадан
otomobil
аўтамабіль

dil
мова

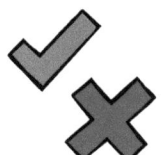

evet / hayır
так / не

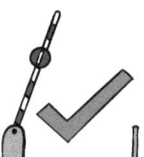

Tamam
добра

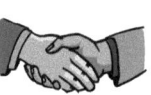

merhaba
прывітанне!

çevirmen
перакладчык

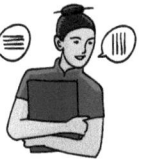

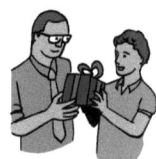

Teşekkür ederim
дзякуй

bu ... ne kadar?

Колькі каштуе....?

anlamadım

я не разумею

problem

праблема

İyi akşamlar!

Добры вечар!

Günaydın!

Добрай раніцы!

İyi geceler!

Дабранач!

güle güle

да пабачэння

yön

кірунак

bagaj

багаж

çanta

сумка

sırt çantası

заплечнік

misafir

госць

oda

пакой

uyku tulumu

спальны мяшок

çadır

палатка

turist danışma

інфармацыя для турыстаў

sahil

пляж

kredi kartı

крэдытная картка

kahvaltı

снеданне

öğle yemeği

абед

akşam yemeği

вячэра

Bilet

праязны білет

asansör

ліфт

pul

паштовая марка

sınır

мяжа

gümrük

мытня

elçilik

пасольства

vize

віза

pasaport

пашпарт

ulaşım

транспарт

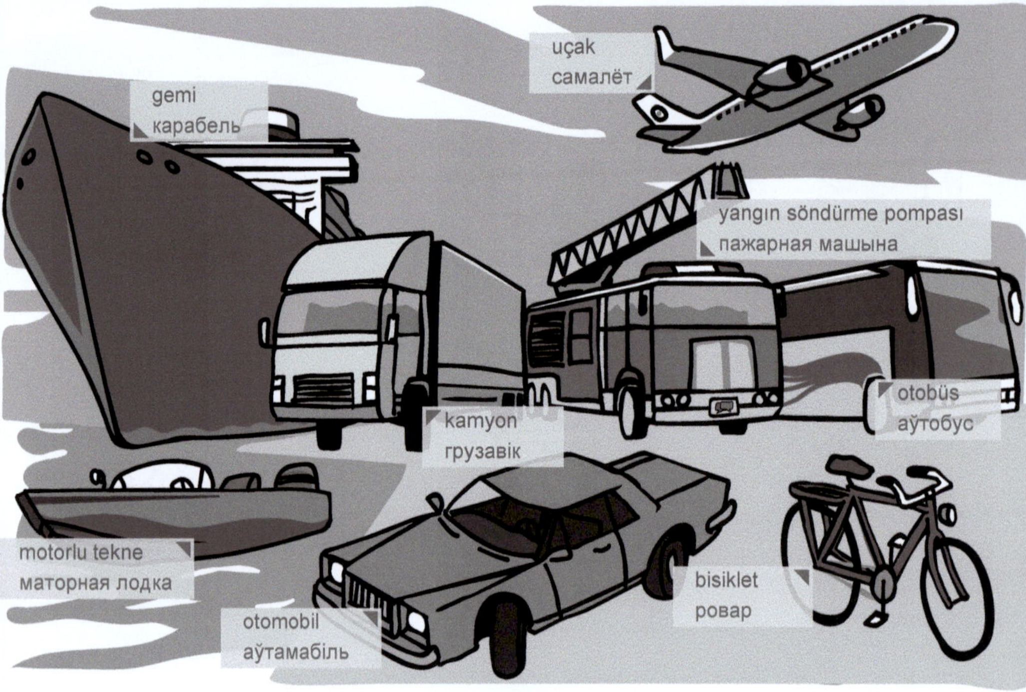
uçak
самалёт
gemi
карабель
yangın söndürme pompası
пажарная машына
otobüs
аўтобус
kamyon
грузавік
motorlu tekne
маторная лодка
bisiklet
ровар
otomobil
аўтамабіль

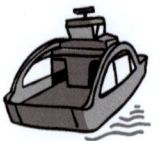

feribot

паром

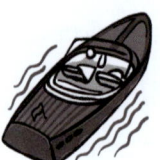

bot

лодка

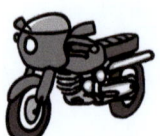

motosiklet

матацыкл

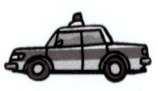

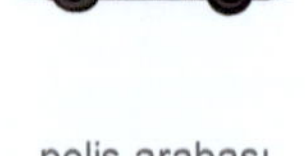

polis arabası

паліцэйская машына

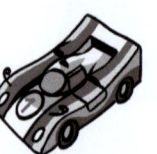

yarış arabası

гоначны аўтамабіль

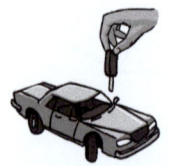

kiralık araba

арэндаваны аўтамабіль

ortak araba

сумеснае карыстанне аўтамабілем

çekici

эвакуатар

çöp kamyonu

смеццявоз

motor

матор

yakıt

паліва

benzinlik

запраўка

trafik işareti

дарожны знак

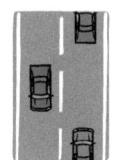

trafik

дарожны рух

trafik sıkışıklığı

затор

otopark

паркоўка

tren istasyonu

чыгуначная станцыя

ray

рэйкі

tren

цягнік

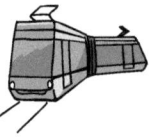

tramvay

трамвай

vagon

вагон

ulaşım - транспарт

helikopter

верталёт

havaalanı

аэрапорт

kule

вежа

yolcu

пасажыр

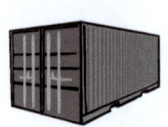

konteyner

кантэйнер

koli

кардонная скрыня

yük arabası

тачка

sepet

карзіна

kalkış / iniş

ўзлятаць / прызямляцца

şehir

горад

köy

вёска

şehir merkezi

цэнтр горада

ev

дом

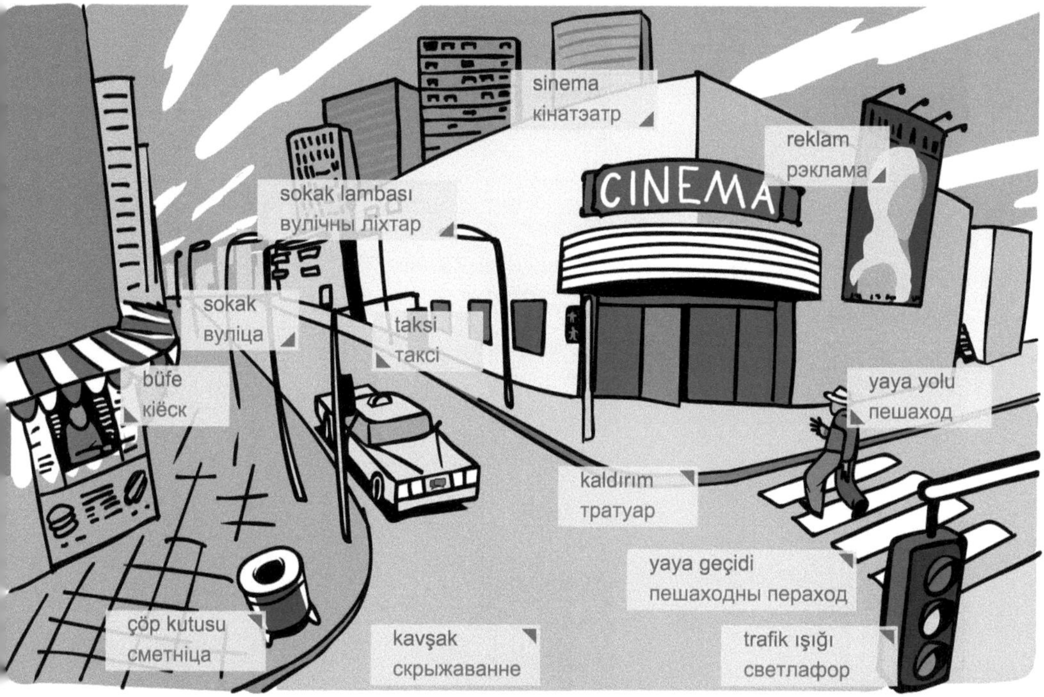

sinema
кінатэатр

reklam
рэклама

sokak lambası
вулічны ліхтар

sokak
вуліца

taksi
таксі

yaya yolu
пешаход

büfe
кіёск

kaldırım
тратуар

yaya geçidi
пешаходны перахад

çöp kutusu
сметніца

kavşak
скрыжаванне

trafik ışığı
светлафор

kulübe

халупа

apartman dairesi

кватэра

tren istasyonu

чыгуначная станцыя

belediye binası

ратуша

müze

музей

okul

школа

üniversite

універсітэт

banka

банк

hastane

шпіталь

otel

гатэль

eczane

аптэка

ofis

офіс

kitapçı

кнігарня

mağaza

крама

çiçekçi

кветкавая крама

süpermarket

супермаркет

market

кірмаш

büyük mağaza

універмаг

balık satıcısı

рыбная крама

alışveriş merkezi

гандлевы цэнтр

liman

порт

park

парк

bank

лава

köprü

мост

merdiven

лесвіца

metro

метро

tünel

тунэль

otobüs durağı

прыпынак

bar

бар

restoran

рэстаран

posta kutusu

паштовая скрыня

sokak tabelası

вулічны паказальнік

otopark sayacı

паркамат

hayvanat bahçesi

заапарк

yüzme havuzu

басейн

cami

мячэць

çiftlik

сядзіба

kirlilik

забруджванне
навакольнага асяроддзя

mezarlık

могілкі

kilise

царква

oyun alanı

пляцоўка для гульні

tapınak

храм

arazi

краявід

yaprak
ліст

yön tabelası
паказальнік

yol
дарога

çayır
луг

taş
камень

ağaç
дрэва

yürüyüşçü
падарожнік

ırmak
рака

çimen
трава

çiçek
кветка

vadi

даліна

tepe

гара

göl

возера

orman

лес

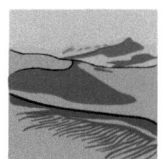

çöl

пустыня

volkan

вулкан

kale

замак

gökkuşağı

вясёлка

mantar

грыб

palmiye

пальма

sivrisinek

камар

sinek

муха

karınca

мурашка

arı

пчала

örümcek

павук

böcek
жук

kurbağa
жаба

sincap
вавёрка

kirpi
вожык

yabani tavşan
заяц

baykuş
сава

kuş
птушка

kuğu
лебедзь

yaban domuzu
дзік

geyik
алень

geyik
лось

baraj
плаціна

rüzgar türbini
вятрак

güneş paneli
сонечная батарэя

iklim
клімат

restoran
рэстаран

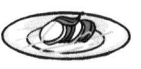

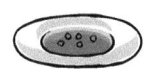

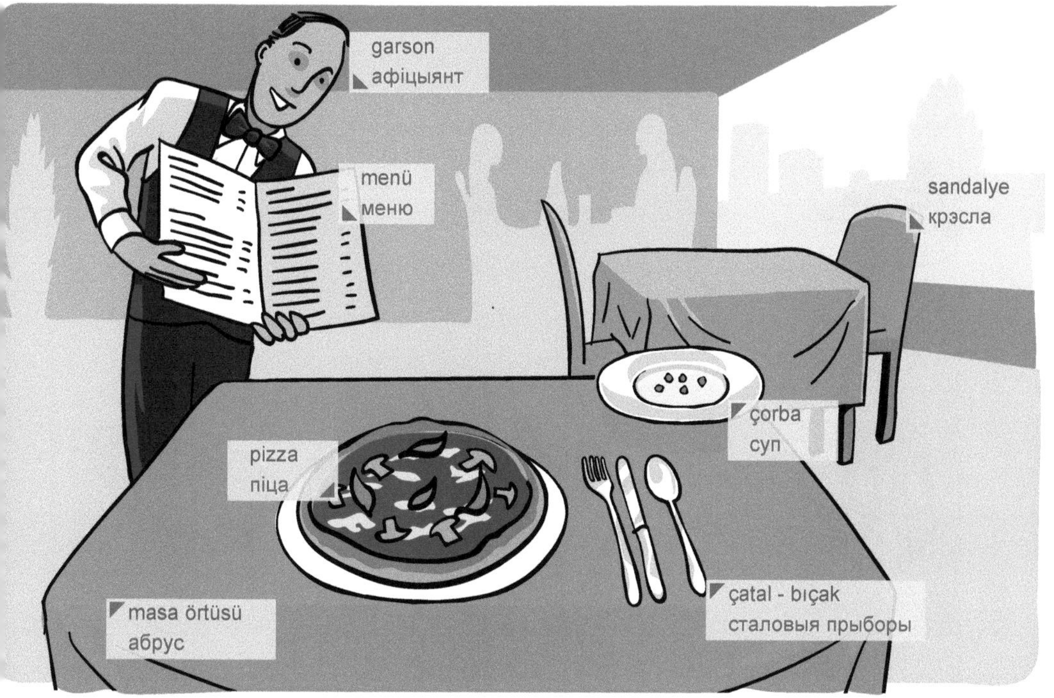
garson
афіцыянт
menü
меню
sandalye
крэсла
çorba
суп
pizza
піца
masa örtüsü
абрус
çatal - bıçak
сталовыя прыборы

başlangıç

закуска

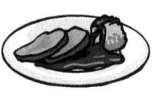

ana yemek

другая страва

tatlı

дэсерт

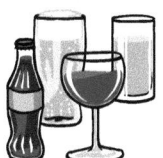

içecekler

напоі

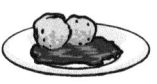

yemek

ежа

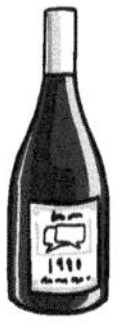

şişe

бутэлька

fastfood

хуткае харчаванне (фаст-фуд)

sokak yemeği

стрыт-фуд

çaydanlık

імбрык (чайнік)

şekerlik

цукарніца

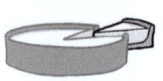

porsiyon

порцыя

espresso makinesi

эспрэса-машына

mama sandalyesi

дзіцячае крэселка

fatura

рахунак

tepsi

паднос

bıçak

нож

çatal

відэлец

kaşık

лыжка

çay kaşığı

чайная лыжка

servis peçetesi

сурвэтка

bardak

шклянка

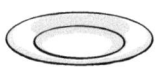

tabak

талерка

çorba kasesi

супавая талерка

fincan altlığı

сподак

sos

соус

tuzluk

сальніца

karabiber değirmeni

млынок для перцу

sirke

воцат

yağ

алей

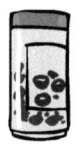

baharat

спецыі

ketçap

кетчуп

hardal

гарчыца

mayonez

маянэз

süpermarket

супермаркет

özel teklif
акцыя
FOR
müşteri
пакупнік
süt ürünleri
малочныя прадукты
meyve
садавіна
alışveriş arabası
вазок

BUTCHERS

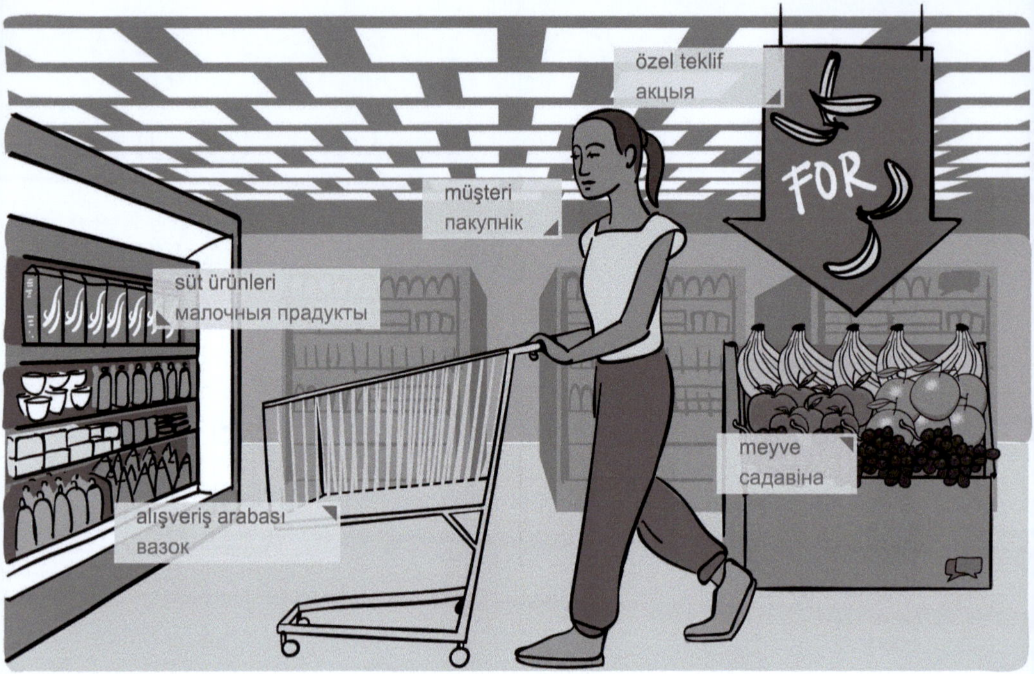

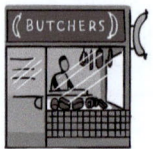

kasap

мясная крама

BAKERY

fırın

хлебны магазін

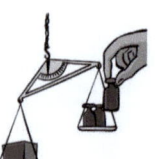

tartmak

важыць

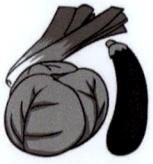

sebze

гароднiна

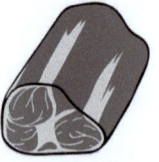

et

мяса

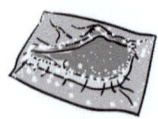

donmuş gıda

свежазамарожаныя прадукты

söğüş et

нарэзка

konserve yiyecek

кансервы

toz deterjan

пральны парашок

şekerlemeler

прысмакі

ev temizlik ürünleri

хатнія прылады

temizlik ürünleri

чысцячы сродак

satış görevlisi

прадавец

yazar kasa

каса

kasiyer

касір

alışveriş listesi

спіс пакупак

açılış saatleri

гадзіны працы

cüzdan

бумажнік

kredi kartı

крэдытная картка

çanta

сумка

plastik poşet

пакет

su

вада

meyve suyu

сок

süt

малако

kola

кола

şarap

віно

bira

піва

alkol

алкаголь

kakao

какава

çay

гарбата (чай)

kahve

кава

espresso

эспрэса

kapuçino

капучына

muz

банан

elma

яблык

portakal

апельсін

kavun

дыня

limon

лімон

havuç

морква

sarımsak

часнок

bambu

бамбук

soğan

цыбуля

mantar

грыб

çerez

арэхі

makarna

локшына

spagetti

спагеці

pirinç

рыс

salata

салата

cips

бульба фры

patates kızartması

смажаная бульба

pizza

піца

hamburger

гамбургер

sandviç

бутэрброд

şinitzel

шніцаль

pastırma

вяндліна

salam

салямі

sosis

каўбаса

tavuk

курыца

rosto

смажаніна

balık

рыбак

yulaf ezmesi

аўсяныя камякі

müsli

мюслі

mısır gevreği

кукурузныя шматкі

un

мука

kruvasan

круасан

küçük ekmek

булачка

ekmek

хлеб

tost

тост

bisküvi

пячэнне

tereyağı

масла

kaymak

тварог

kek

пірог

yumurta

яйка

sahanda yumurta

яечня

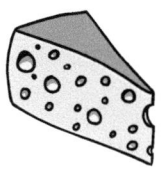

peynir

сыр

dondurma

марожанае

şeker

цукар

bal

мёд

reçel

варэнне

fındık ezmesi

нуга

köri

кары

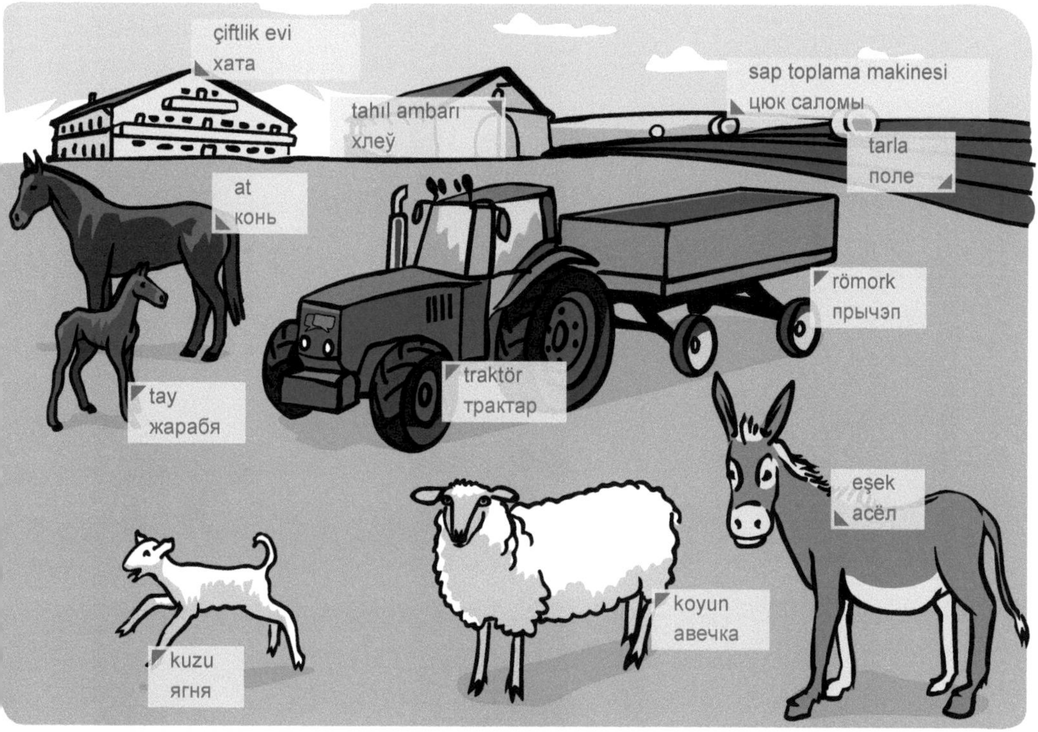

çiftlik evi
хата

tahıl ambarı
хлеў

sap toplama makinesi
цюк саломы

tarla
поле

at
конь

römork
прычэп

traktör
трактар

tay
жарабя

eşek
асёл

kuzu
ягня

koyun
авечка

keçi
каза

inek
карова

buzağı
цяля

domuz
свіння

domuz yavrusu
парася

boğa
бык

kaz

гусак

ördek

качка

civciv

кураня

tavuk

курыца

horoz

певень

sıçan

пацук

kedi

кот

fare

мыш

öküz

вол

köpek

сабака

köpek kulübesi

сабачая будка

bahçe hortumu

садовы шланг

sulama kabı

палівачка

tırpan

каса

pulluk

плуг

orak

серп

çapa

матыка

dirgen

вілы для гною

balta

сякера

el arabası

тачка

yemlik

карыта

süt kovası

бітон для малака

çuval

мех

çit

плот

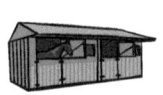

ahır

хлеў

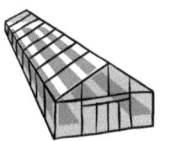

sera

цяпліца

toprak

глеба

tohum

насенне

gübre

угнаенне

biçerdöver

камбайн

hasat etmek

збіраць ураджай

harman

ураджай

tatlı patates

ямс

buğday

пшаніца

soya

соя

patates

бульба

mısır

кукуруза

kolza

рапс

meyve ağacı

садовае дрэва

manyok

маніёк

hububat

збожжа

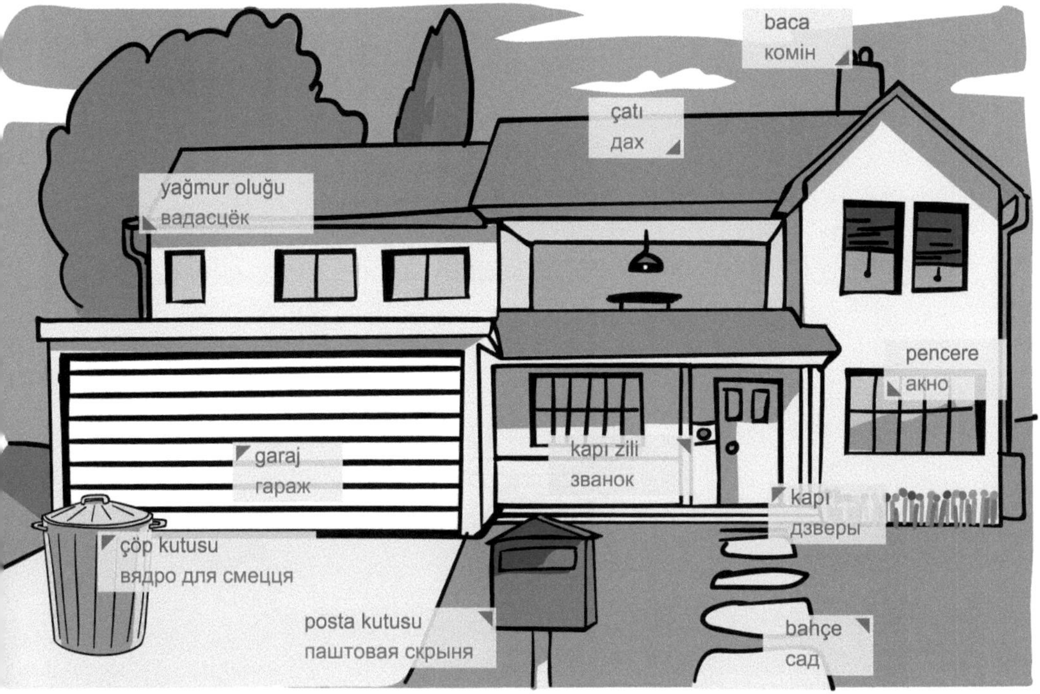

baca
комін

çatı
дах

yağmur oluğu
вадасцёк

pencere
акно

garaj
гараж

kapı zili
званок

kapı
дзверы

çöp kutusu
вядро для смецця

posta kutusu
паштовая скрыня

bahçe
сад

oturma odası

жылы пакой

banyo

ванная

mutfak

кухня

yatak odası

спальны пакой

çocuk odası

дзіцячы пакой

yemek odası

сталоўка

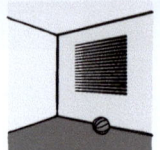

zemin

падлога

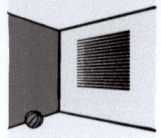

duvar

сцяна

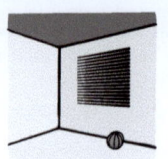

tavan

столь

kiler

падвал

sauna

саўна

balkon

балкон

teras

тэраса

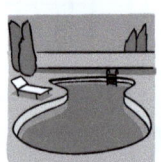

havuz

басейн

çim biçme makinesi

касілка

çarşaf

падкоўдранік

yatak örtüsü

коўдра

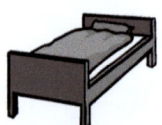

yatak

ложак

süpürge

венік

kova

вядро

anahtar

выключальнік

oturma odası

жылы пакой

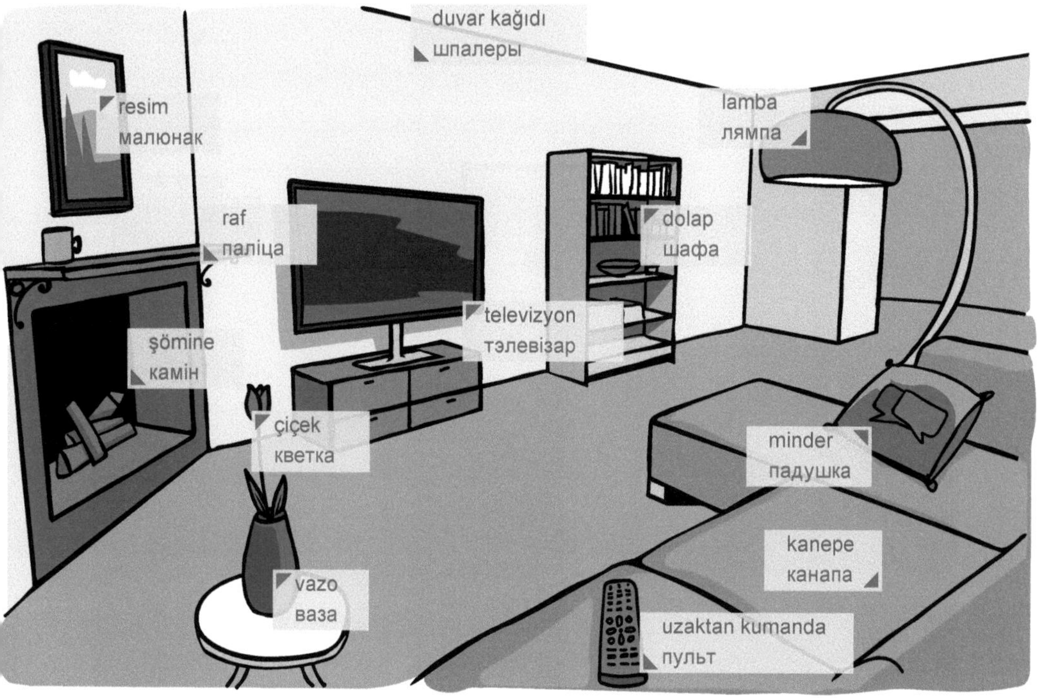

duvar kağıdı
шпалеры
resim
малюнак
lamba
лямпа
raf
паліца
dolap
шафа
televizyon
тэлевізар
şömine
камін
çiçek
кветка
minder
падушка
kanepe
канапа
vazo
ваза
uzaktan kumanda
пульт

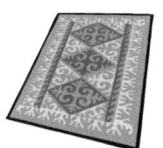

halı

дыван

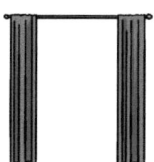

perde

фіранка

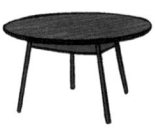

masa

стол

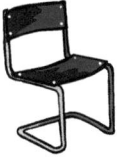

sandalye

крэсла

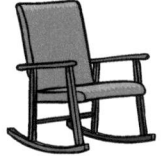

salıncaklı koltuk

крэсла-качалка

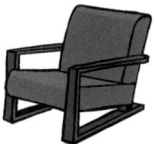

koltuk

крэсла

kitap

кніга

battaniye

коўдра

dekor

дэкарацыя

odun

дровы

film

кіно

hi-fi

стэрэасістэма

anahtar

ключ

gazete

газета

tablo

карціна

poster

постар

radyo

радыё

defter

нататнік

elektrikli süpürge

пыласос

kaktüs

кактус

mum

свечка

mutfak

кухня

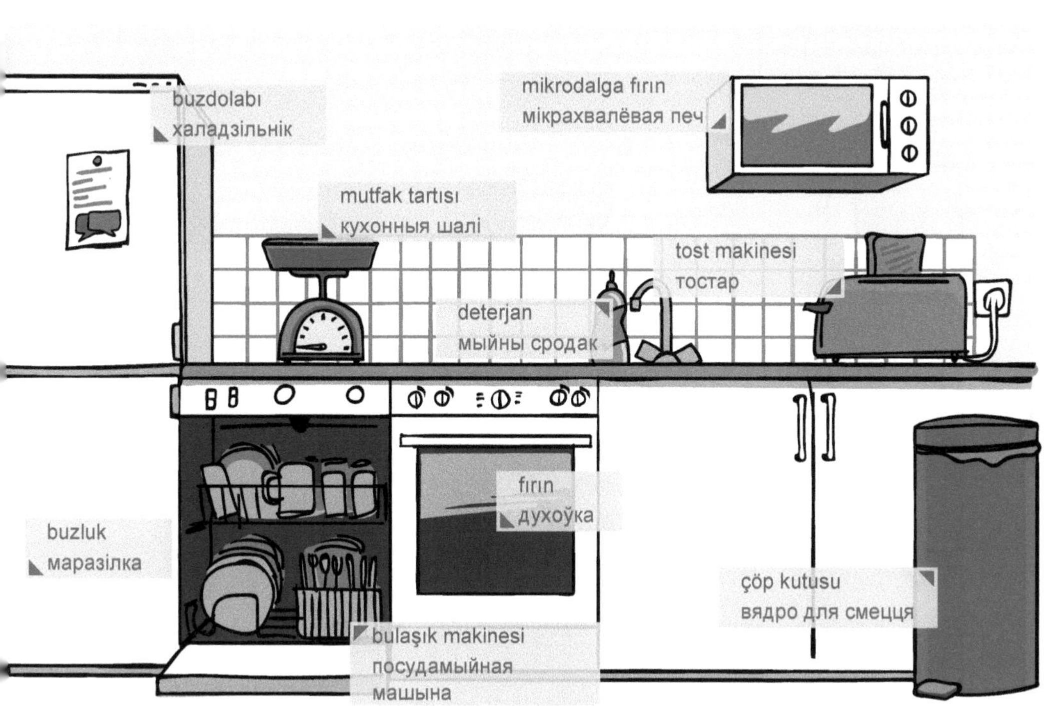
buzdolabı
халадзільнік
mikrodalga fırın
мікрахвалёвая печ
mutfak tartısı
кухонныя шалі
tost makinesi
тостар
deterjan
мыйны сродак
fırın
духоўка
buzluk
маразілка
çöp kutusu
вядро для смецця
bulaşık makinesi
посудамыйная машына

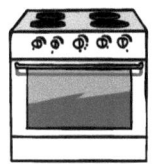

ocak

пліта

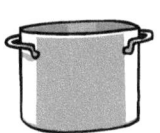

tencere

рондаль

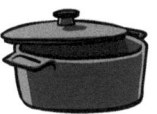

döküm tencere

чыгунок

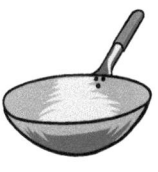

wok

Вок / кадаі

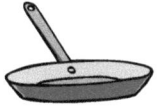

tava

патэльня

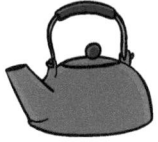

su ısıtıcı

чайнік

buharlı pişirici

параварка

pişirme tepsisi

бляха

tabak takımı

посуд

kupa

кубак

kase

міска

çubuk (çin yemeği)

палачкі для ежы

kepçe

чарпак

spatula

лапатачка

çırpma teli

збівалка

süzgeç

сіта для варэння

elek

сіта

rende

тарка

havan

ступка

barbekü

грыль

açık ateş

вогнішча

kesme tahtası

дошка

merdane

качалка

tirbüşon

штопар

konserve kutusu

бляшанка

konserve açacağı

адкрывалка

fırın eldiveni

прыхваткі

evye

ракавіна

fırça

шчотка

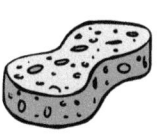

sünger

губка

blender

міксер

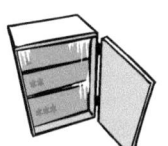

derin dondurucu

маразільная камера

biberon

бутэлечка

musluk

вадаправодны кран

banyo

ванная

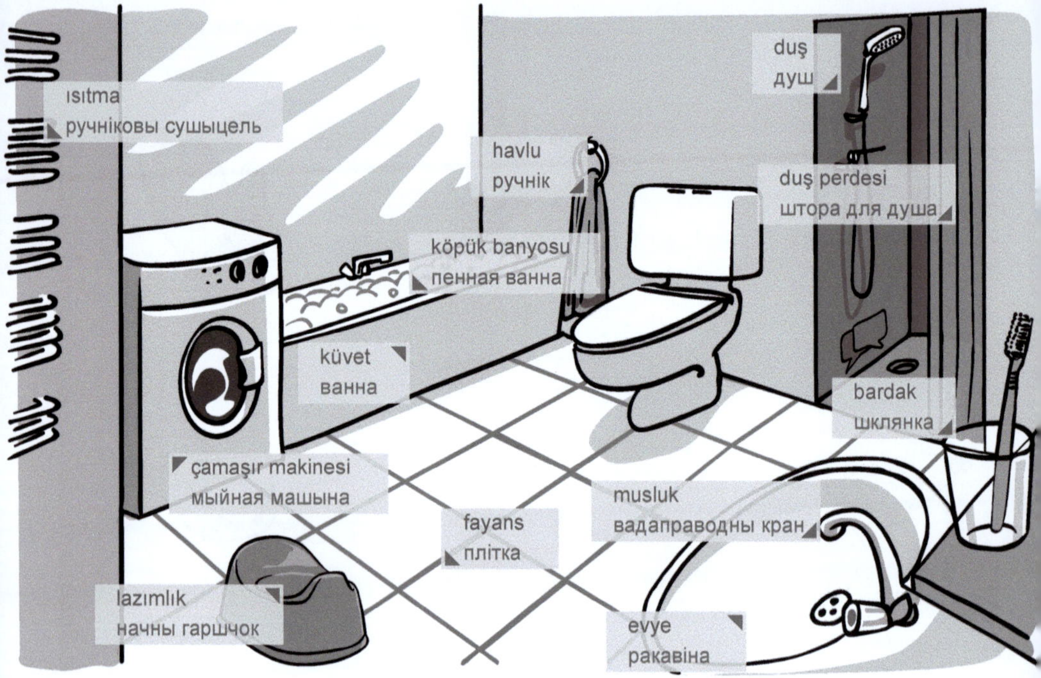

ısıtma
ручніковы сушыцель
duş
душ
havlu
ручнік
duş perdesi
штора для душа
köpük banyosu
пенная ванна
küvet
ванна
bardak
шклянка
çamaşır makinesi
мыйная машына
musluk
вадаправодны кран
fayans
плітка
lazımlık
начны гаршчок
evye
ракавіна

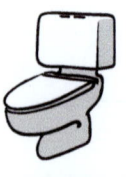

tuvalet

туалет

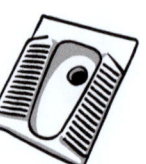

alaturka tuvalet

падлогавы ўнітаз

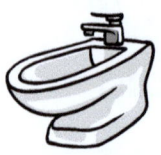

bide

бідэ

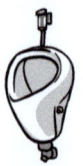

pisuvar

пісуар

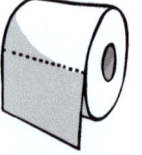

tuvalet kağıdı

туалетная папера

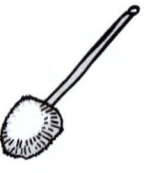

tuvalet fırçası

шчотка для чысткі ўнітаза

diş fırçası

зубная шчотка

diş macunu

зубная паста

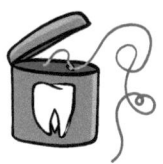

diş ipi

зубная нітка

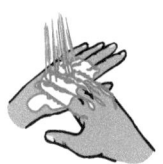

yıkamak

мыць

duş başlığı

ручны душ

duş başlığı şeklinde taharet musluğu

інтымны душ

küvet

умывальнік

banyo fırçası

шчотка для спіны

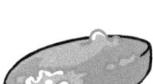

sabun

мыла

duş jeli

гель для душа

şampuan

шампунь

banyo lifi

вяхотка

gider

вадасцёк

krem

крэм

deodorant

дэзадарант

ayna

люстэрка

el aynası

касметычнае люстэрка

jilet

станок для галення

tıraş köpüğü

пена для галення

tıraş losyonu

ласьён пасля галення

tarak

грэбень

fırça

шчотка

saç kurutma makinesi

фен

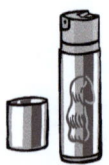

saç spreyi

лак для валасоў

makyaj

касметыка

ruj

памада

tırnak cilası

лак для пазногцяў

pamuk

вата

tırnak makası

манікюрныя нажніцы

parfüm

духі

makyaj çantası

касметычка

tabure

табурэтка

tartı

вагі

bornoz

лазневы халат

lastik eldiven

санітарныя пальчаткі

tampon

тампон

kadın pedi

гігіенічныя пракладкі

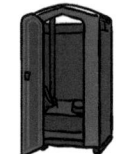

kimyevi tuvalet

біятуалет

çocuk odası

дзіцячы пакой

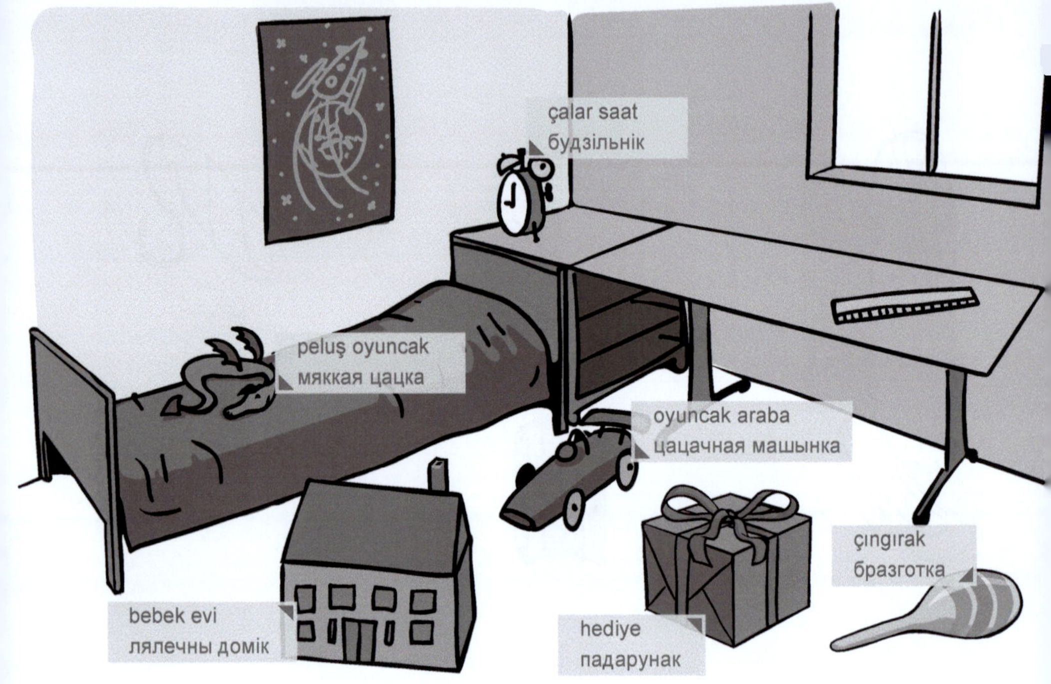

çalar saat
будзільнік
peluş oyuncak
мяккая цацка
oyuncak araba
цацачная машынка
çıngırak
бразготка
bebek evi
лялечны домік
hediye
падарунак

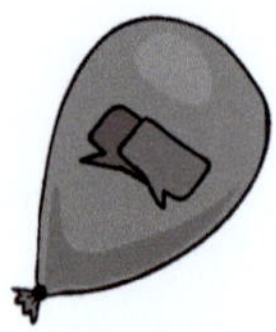

balon

надзіманы шарык

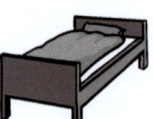

yatak

ложак

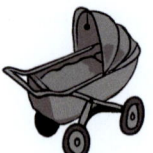

bebek arabası

дзіцячая каляска

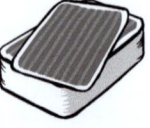

kart destesi

калода картаў

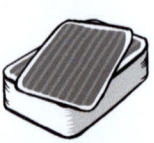

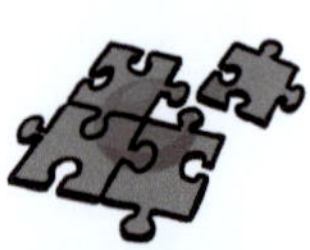

yapboz

пазл

çizgi roman

комікс

lego tuğlaları

канструктар "Лега"

lego blokları

канструктар

aksiyon figürü

экшэн-фігурка

zıbın

дзіцячы гарнітур

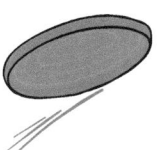

frizbi

фрызбі

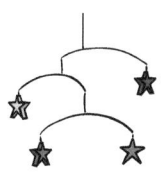

dönence

дзіцячы мабіль

masa oyunu

настольная гульня

zar

кубік

model tren seti

дзіцячая чыгунка

emzik

пустышка

parti

дзіцячае свята

resimli kitap

кніга з малюнкамі

top

мячык

oyuncak bebek

лялька

oynamak

гуляцца

kum havuzu

пясочніца

salıncak

арэлі

oyuncaklar

цацкі

video oyun konsolu

гульнявая відэа прыстаўка

üç tekerlekli bisiklet

трохколавы ровар

oyuncak ayı

плюшавы мішка

gardırop

шафа

kıyafet

адзенне

çorap

шкарпэткі

külotlu çorap

панчохі

tayt

калготкі

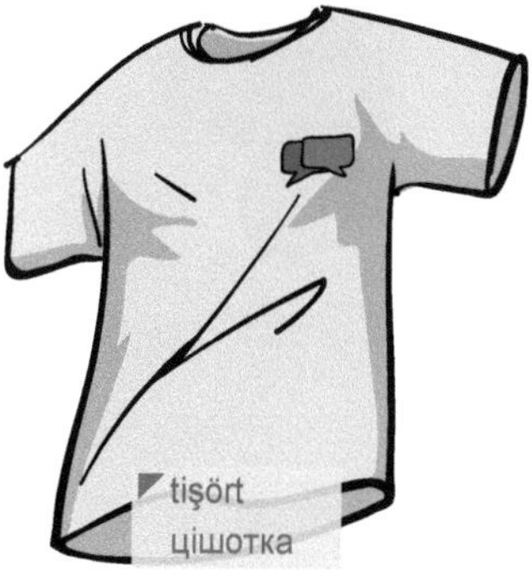

eşarp
шалік

şemsiye
парасон

kemer
рамень

tişört
цішотка

bot
боты

terlik
пантоплі

spor ayakkabı
красоўкі

sandalet
сандалі

ayakkabı
абутак

lastik çizme
гумовыя боты

külot
трусы

sütyen
бюстгальтар

yelek
майка

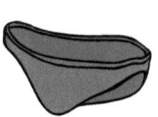

dar bluz

бодзі

pantolon

штаны

kot pantolon

джынсы

etek

спадніца

bluz

блузка

gömlek

кашуля

kazak

джэмпер

süveter

талстоўка

blazer

блэйзер

ceket

куртка

mont

паліто

yağmurluk

дажджавік

kostüm

касцюм

elbise

сукенка

gelinlik

вясельная сукенка

takım elbise
касцюм

gecelik
начная сарочка

pijama
піжама

sari
сары

baş örtüsü
хустка

türban
цюрбан

burka
паранджа

kaftan
каптан

çarşaf
Абая

mayo
купальнік

erkek mayosu
плаўкі

şort
шорты

eşofman
спартыўны касцюм

önlük
фартух

eldiven
пальчаткі

düğme

гузік

gözlük

акуляры

bilezik

бранзалет

kolye

каралі

yüzük

кальцо

küpe

завушніца

kep

кепка

portmanto

вешалка

şapka

капялюш

kravat

гальштук

fermuar

маланка

kask

шлем

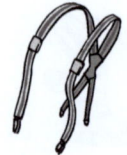

pantolon askısı

падцяжкі

okul forması

школьная форма

üniforma

уніформа

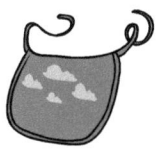

mama önlüğü

нагруднік

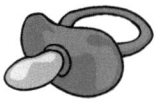

emzik

пустышка

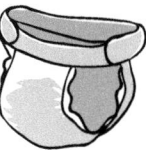

bebek bezi

падгузнік

ofis

офіс

sunucu
сервер
dosya dolabı
канцылярская шафа
yazıcı
прынтэр
kağıt
папера
monitör
манітор
fare
мыш
masa
пісьмовы стол
klasör
тэчка
klavye
клавіятура
kağıt çöp kutusu
смеццевы кошык
bilgisayar
кампутар
sandalye
крэсла

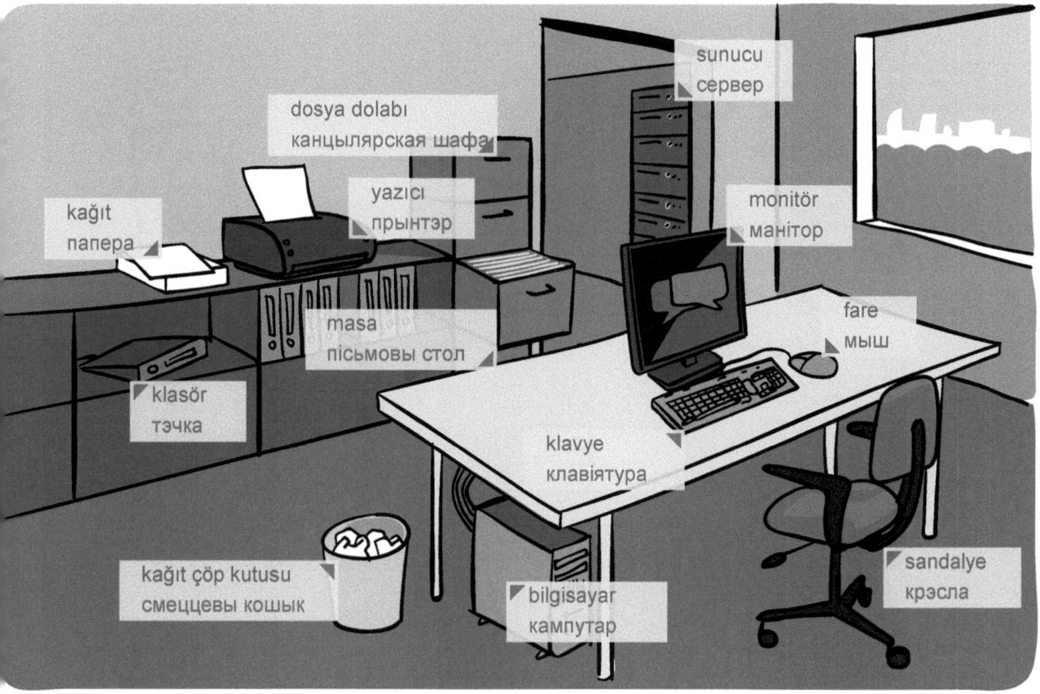

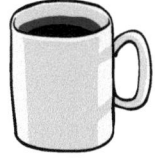

kahve fincanı

кубак для кавы (філіжанка)

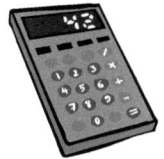

hesap makinesi

калькулятар

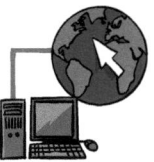

internet

інтэрнэт

dizüstü

ноўтбук

mektup

ліст

mesaj

паведамленне

cep telefonu

мабільны тэлефон

ağ

сетка

fotokopi makinesi

ксеракс

yazılım

праграмнае забеспячэнне

telefon

тэлефон

priz

разетка

faks makinesi

факс

form

фармуляр

belge

дакумент

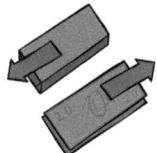

satın almak

купляць

ödemek

плаціць

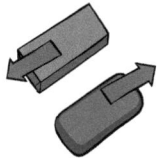

ticaret yapmak

гандляваць

para

грошы

dolar

долар

avro

еўра

yen

ена

ruble

рубель

İsviçre frangı

франк

Çin yuanı

кітайскі юань

rupi

рупія

kasa

банкамат

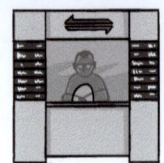

döviz bürosu

абменны пункт

altın

золата

gümüş

срэбра

petrol

нафта

enerji

энергія

fiyat

цана

kontrat

кантракт

vergi

падатак

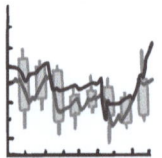

menkul değer

акцыя

çalışmak

працаваць

işveren

служачы

işçi

працадаўца

fabrika

фабрыка

mağaza

крама

meslekler
прафесii

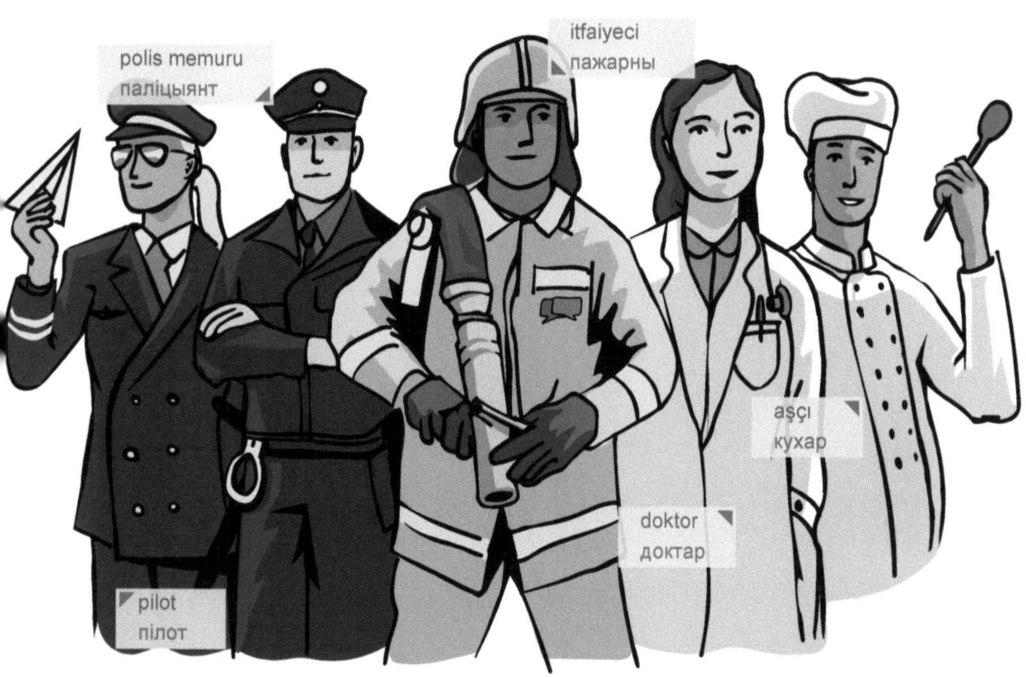

polis memuru
паліцыянт
itfaiyeci
пажарны
aşçı
кухар
doktor
доктар
pilot
пілот

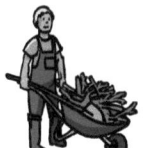

bahçıvan
садоўнік

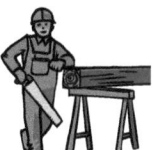

marangoz
слесар

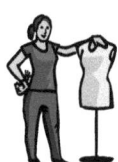

terzi
швачка

hakim
суддзя

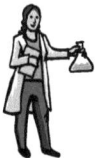

kimyager
хімік

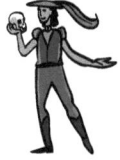

aktör
артыст

otobüs şoförü

кіроўца аўтобуса

taksi şoförü

таксіст

balıkçı

рыбак

temizlikçi

прыбіральшчыца

çatı ustası

страхар

garson

афіцыянт

avcı

паляўнічы

boyacı

мастак

fırıncı

пекар

elektrikçi

электрык

inşaatçı

будаўнік

mühendis

інжынер

kasap

мяснік

muslukçu

сантэхнік

postacı

паштальён

asker

салдат

mimar

архітэктар

kasiyer

касір

çiçekçi

фларыст

kuaför

цырульнік

kondüktör

кандуктар

tamirci

механік

kaptan

капітан

dişçi

стаматолаг

bilim insanı

вучоны

haham

рабін

imam

імам

keşiş

манах

rahip

святар

aletler
інструменты

çekiç
малаток
penseler
пласкагубцы
tornavida
адвёртка
İngiliz anahtarı
гаечны ключ
el feneri
ліхтарык

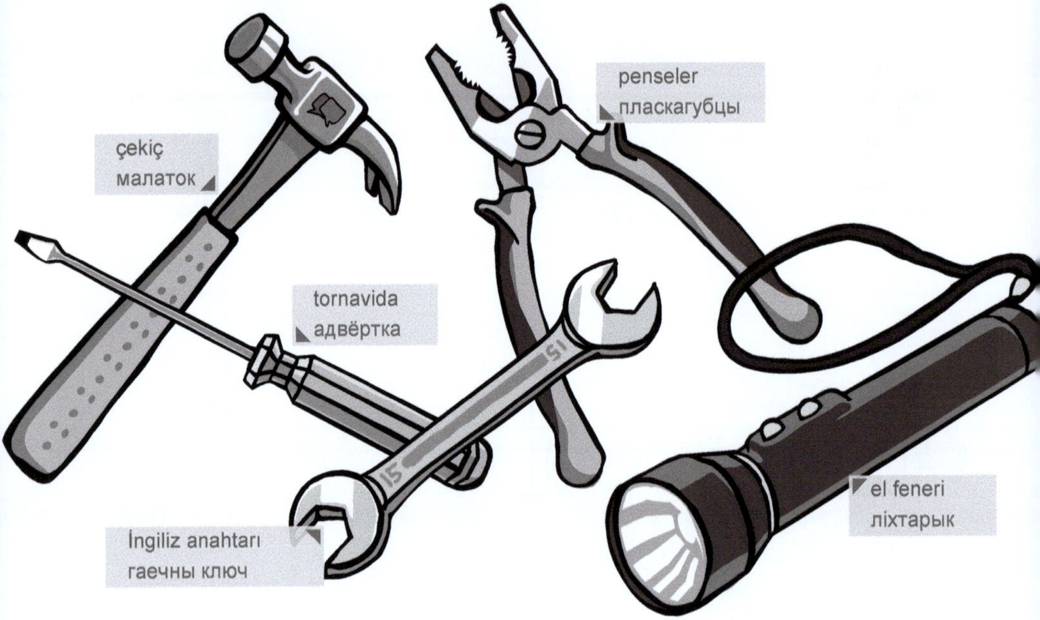

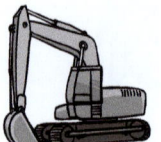

kazı makinesi

экскаватар

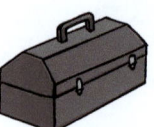

alet çantası

скрыня для інструментаў

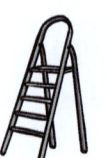

merdiven

драбіны

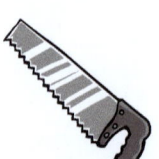

testere

піла

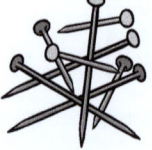

çiviler

цвікі

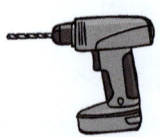

matkap

дрыль

tamir etmek

рамантаваць

kürek

рыдлеўка

Kahretsin!

Халера!

faraş

шуфлік для смецця

boya tenekesi

вядро з фарбаю

vidalar

балты

müzik enstrümanı
музычныя інструменты

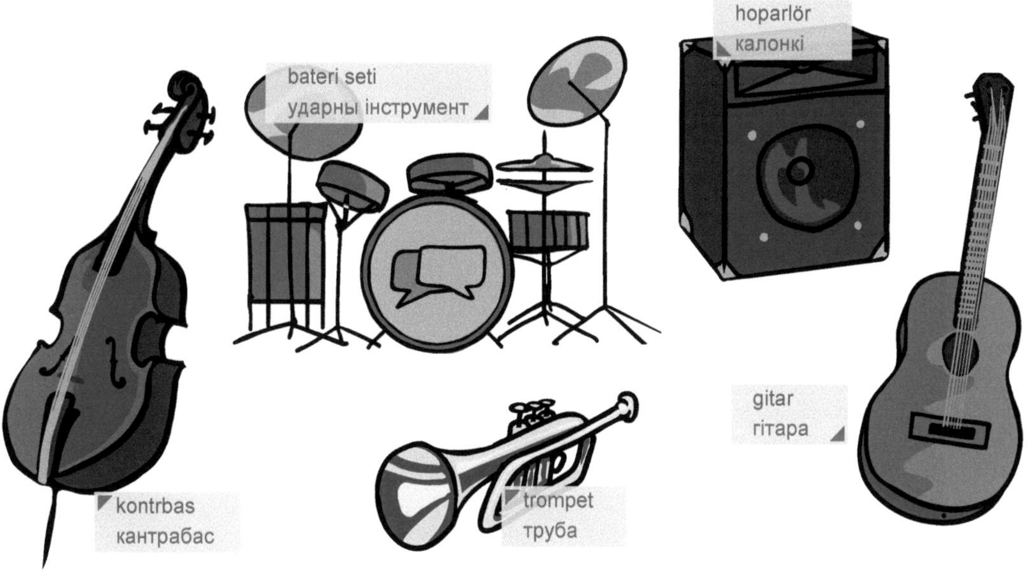

hoparlör
калонкі

bateri seti
ударны інструмент

gitar
гітара

kontrbas
кантрабас

trompet
труба

piyano

піяніна

keman

скрыпка

basgitar

басгітара

timpani

літаўры

bateri

барабан

klavye

клавішны электрамузычны
інструмент

saksafon

саксафон

flüt

флейта

mikrofon

мікрафон

hayvanat bahçesi
заапарк

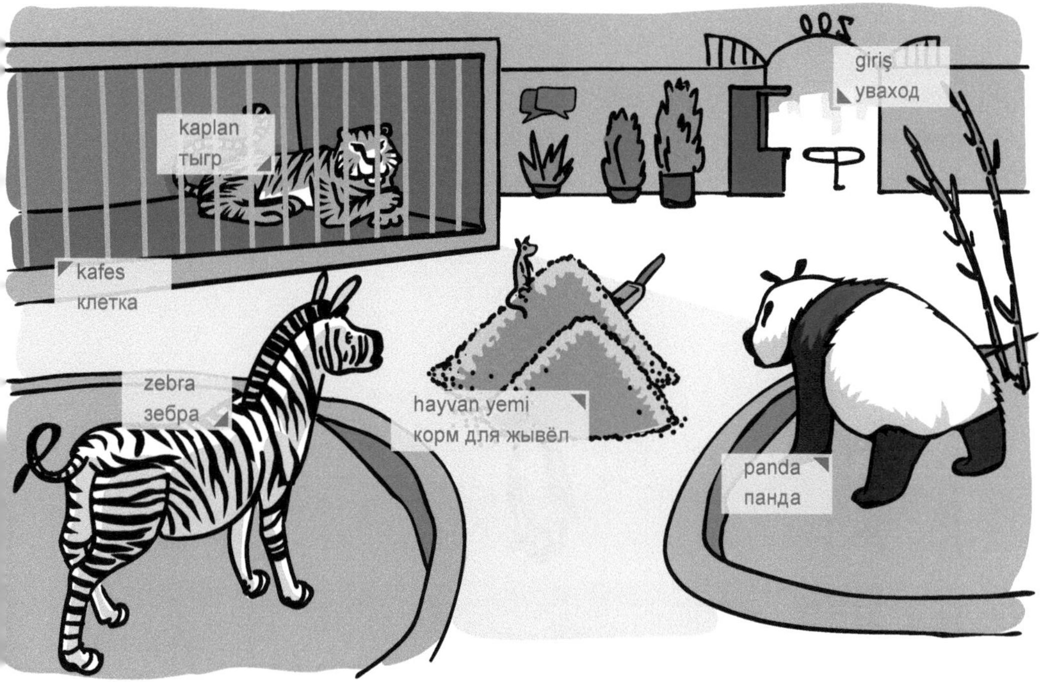
giriş
уваход
kaplan
тыгр
kafes
клетка
zebra
зебра
hayvan yemi
корм для жывёл
panda
панда

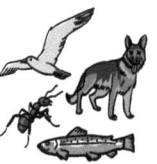

hayvanlar
жывёлы

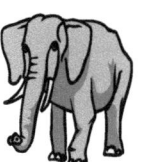

fil
слон

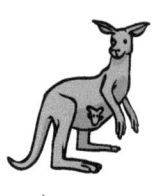

kanguru
кенгуру

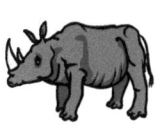

gergedan
насарог

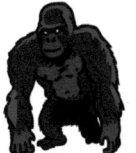

goril
гарыла

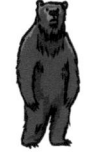

ayı
мядзведзь

deve

вярблюд

deve kuşu

стравус

aslan

леў

maymun

малпа

flamingo

фламінга

papağan

папугай

kutup ayısı

белы мядзведзь

penguen

пінгвін

köpek balığı

акула

tavus kuşu

паўлін

yılan

змяя

timsah

кракадзіл

hayvanat bahçesi görevlisi

наглядчык заапарка

fok

цюлень

jaguar

ягуар

midilli atı

пoні

leopar

леапард

su aygırı

бегемот

zürafa

жыраф

kartal

арол

yaban domuzu

дзік

balık

рыбак

kaplumbağa

чарапаха

mors

морж

tilki

ліса

ceylan

газель

amerikan futbolu
амерыканскі футбол

bisiklete binme
веласпорт

tenis
тэніс

basketbol
баскетбол

yüzme
плаванне

boks
бокс

buz hokeyi
хакей з шайбай

futbol
футбол

badminton
бадмінтон

atletizm
лёгкая атлетыка

hentbol
гандбол

kayak
горныя лыжы

polo
пола

etkinlikler

дзейнасць

gülmek
смяяцца
atlamak
скакаць
sarılmak
абдымаць
yürümek
ісці
söylemek
спяваць
hayal etmek
марыць
dua etmek
маліцца
öpmek
цалаваць

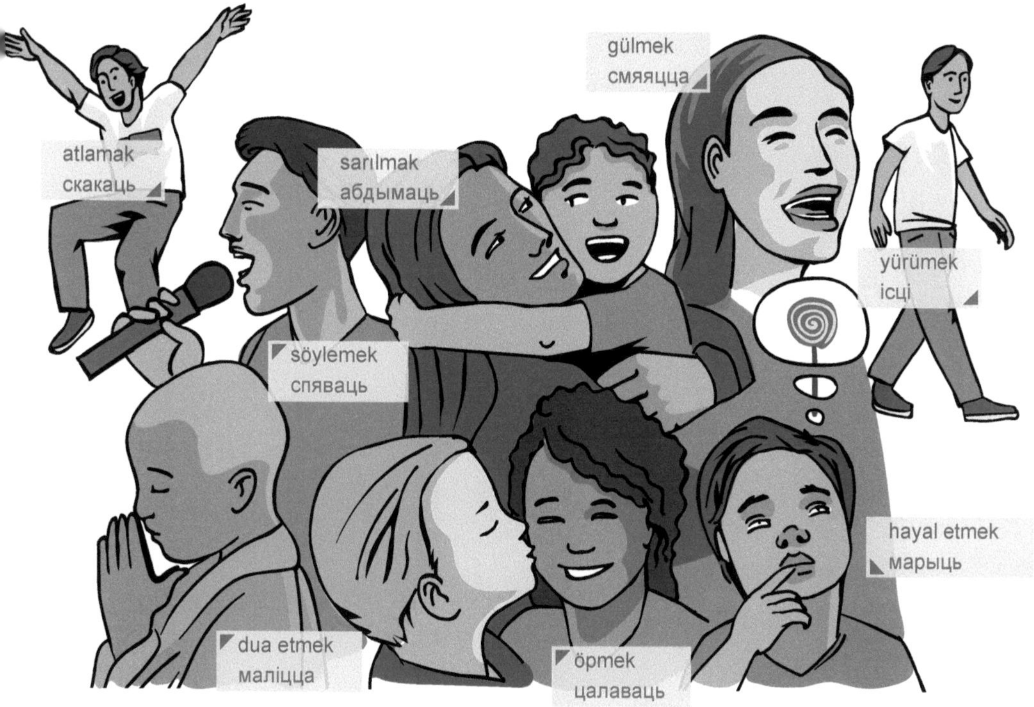

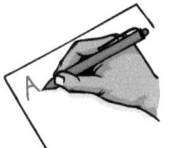

yazmak

пісаць

çizmek

маляваць

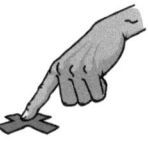

göstermek

паказваць

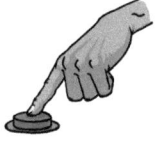

itmek

націснуць

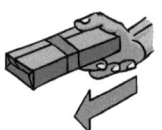

vermek

даваць

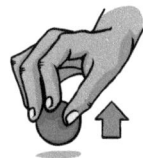

almak

браць

sahip olmak

мець

yapmak

выконваць

olmak

быць

ayakta durmak

стаяць

koşmak

бегчы

çekmek

цягнуць

atmak

кідаць

düşmek

падаць

yalan söylemek

ляжаць

beklemek

чакаць

taşımak

насіць

oturmak

сядзець

giyinmek

апранацца

uyumak

спаць

uyanmak

прачынацца

bakmak

глядзець

ağlamak

плакаць

vurmak

лашчыць

taramak

прычэсвацца

konuşmak

гаварыць

anlamak

разумець

sormak

пытаць

dinlemek

чуць

içmek

піць

yemek

есці

düzenlemek

прыбіраць

sevmek

кахаць

pişirmek

гатаваць

sürmek

ехаць

uçmak

лятаць

denize açılmak

плаваць пад ветразем

hesapla

лічыць

okumak

чытаць

öğrenmek

вучыць

çalışmak

працаваць

evlenmek

уступаць у шлюб

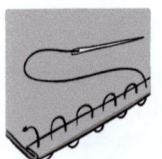

dikmek

шыць

diş fırçalamak

чысціць зубы

öldürmek

забіваць

sigara içmek

курыць

yollamak

пасылаць

büyükanne
бабуля

büyükbaba
дзядуля

baba
бацька

anne
маці

bebek
дзіця

kız
дачка

oğul
сын

misafir

госць

teyze

цётка

amca

дзядзька

erkek kardeş

брат

kız kardeş

сястра

vücut
цела

alın
лоб
göz
вока
omuz
плячо
parmak
палец
yüz
твар
çene
падбародак
el
рука
bacak
нага
göğüs
грудзі
kol
рука

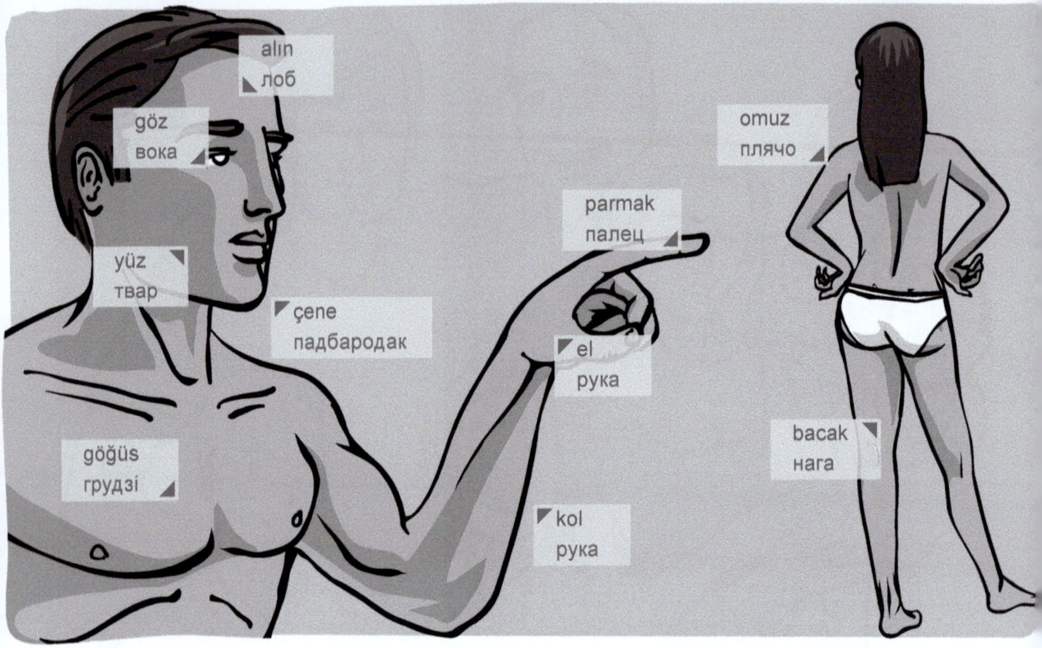

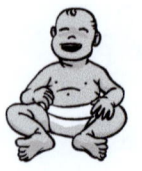

bebek

дзіця

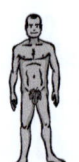

adam

мужчына

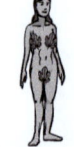

kadın

жанчына

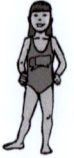

kız

дзяўчынка

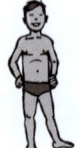

erkek çocuk

хлопчык

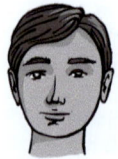

baş

галава

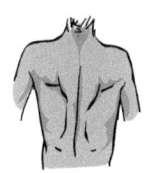

sırt

спіна

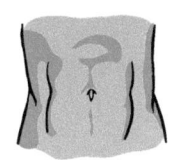

karın

жывот

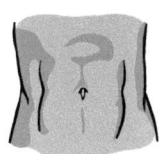

göbek

пуп

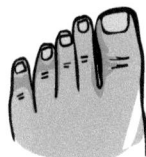

ayak parmağı

палец нагі

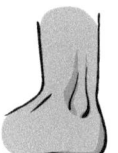

topuk

пятка

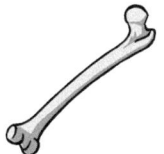

kemik

костка

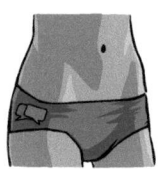

kalça

бядро

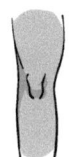

diz

калена

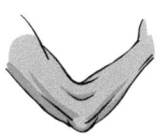

dirsek

локаць

burun

нос

kalça

ягадзіца

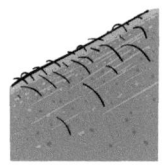

deri

скура

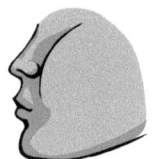

yanak

шчака

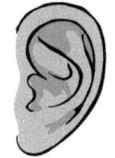

kulak

вуха

dudak

губа

ağız

рот

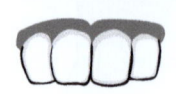

diş

зуб

dil

язык

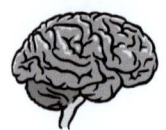

beyin

галаўны мозг

kalp

сэрца

kas

мышца

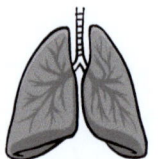

akciğer

лёгкае

karaciğer

пячонка

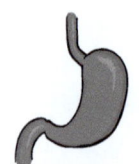

mide

страўнік

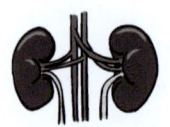

böbrekler

ныркі

seks

сэкс

prezervatif

прэзерватыў

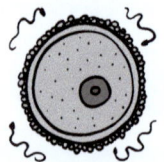

yumurtalık

яйцаклетка

sperm

сперма

hamilelik

цяжарнасць

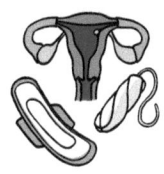

regl
....
менструацыя

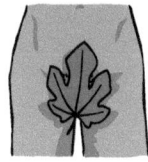

vajina
....
похва

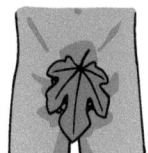

penis
....
пеніс

kaş
....
брыво

saç
....
валасы

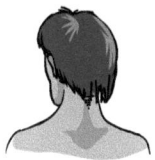

boyun
....
шыя

hastane

шпіталь

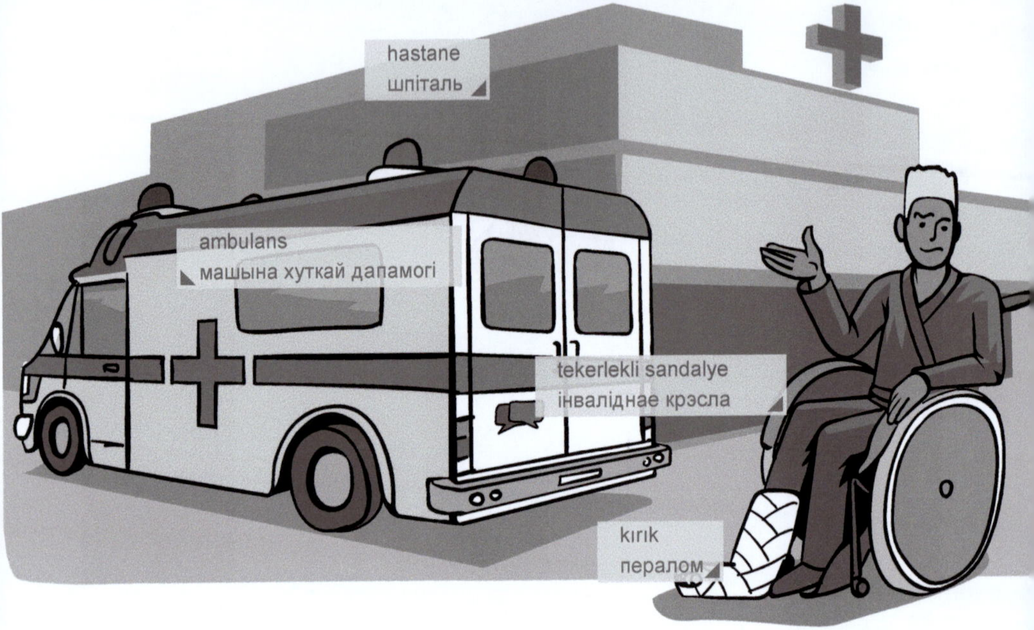

hastane
шпіталь
ambulans
машына хуткай дапамогі
tekerlekli sandalye
інваліднае крэсла
kırık
пералом

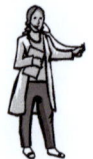

doktor

доктар

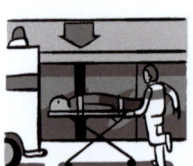

acil servis

аддзяленне першай дапамогі

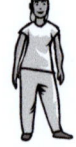

hemşire

медсястра

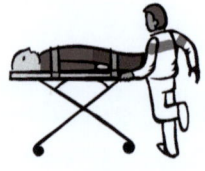

acil

экстраная дапамога

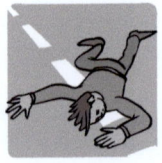

baygın

непрытомны

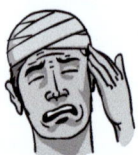

acı

боль

yaralanma

траўма

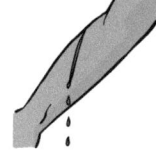

kanama

крывацёк

kalp krizi

інфаркт

felç

апаплексія

alerji

алергія

öksürük

кашаль

ateş

гарачка

grip

грып

ishal

панос

baş ağrısı

галаўны боль

kanser

рак

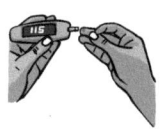

şeker hastalığı

дыябет

cerrah

хірург

neşter

скальпель

operasyon

аперацыя

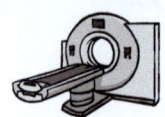

bilgisayarlı tomografi
КТ

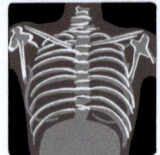

röntgen
рэнтген

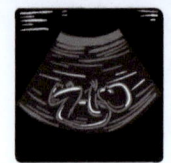

ultrason
ультрагук

yüz maskesi
маска

hastalık
хвароба

bekleme odası
пачакальня

koltuk değneği
мыліца

yara bandı
пластыр

bandaj
бінт

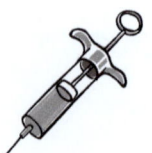

enjeksiyon
ін'екцыя

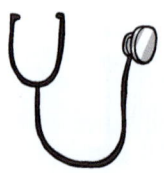

steteskop
стэтаскоп

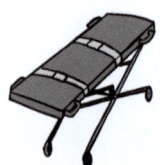

sedye
насілкі

tıbbi termometre
градуснік

doğum
нараджэнне

fazla kilo
лішняя вага

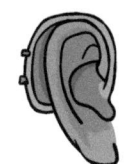

işitme cihazı

слухавы апарат

dezenfektan

дэзінфекцыйны сродак

enfeksiyon

інфекцыя

virüs

вірус

HIV / AIDS

ВІЧ/СНІД

ilaç

лекі

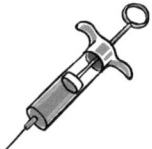

aşı

прышчэпка

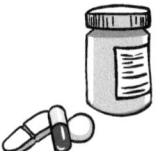

tablet

таблеткі

hap

супрацьзачаткавая
таблетка

acil çağrı

экстраны выклік

tansiyon aleti

танометр

hasta / sağlıklı

хворы / здаровы

экстраная дапамога

İmdat!

Ратуйце!

alarm

сігналізацыя

darp

напад

saldırı

атака

tehlike

небяспека

acil çıkış

аварыйны выхад

Yangın!

Пажар!

yangın tüpü

вогнетушыцель

kaza

аварыя

ilk yardım çantası

аптэчка

imdat

COC

polis

паліцыя

Avrupa

Еўропа

Kuzey Amerika

Паўночная Амерыка

Güney amerika

Паўднёвая Амерыка

Afrika

Афрыка

Asya

Азія

Avustralya

Аўстралія

Atlantik

Атлантычны акіян

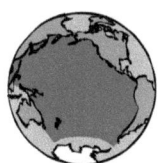

Pasifik

Ціхі акіян

Hint Okyanusu

Індыйскі акіян

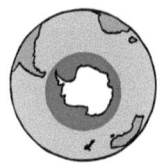

Antarktika Okyanusu

Паўднёвы ледавіты акіян

Arktik Okyanusu

Паўночны ледавіты акіян

Kuzey Kutbu

Паўночны полюс

Güney Kutbu

Паўднёвы полюс

Antarktika

Антарктыда

dünya

Зямля

kara

краіна

deniz

мора

ada

востраў

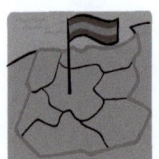

ulus

нацыя

ülke

дзяржава

kadran

цыферблат

akrep

гадзінная стрэлка

yelkovan

хвілінная стрэлка

saniye ibresi

секундная стрэлка

Saat kaç?

Колькі часу?

gün

дзень

zaman

час

şimdi

зараз

dijital saat

электронны гадзіннік

dakika

хвіліна

saat

гадзіна

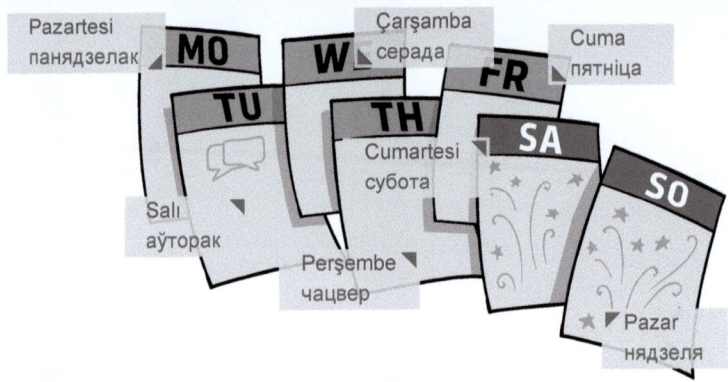

Pazartesi
панядзелак

Çarşamba
серада

Cuma
пятніца

Salı
аўторак

Cumartesi
субота

Perşembe
чацвер

Pazar
нядзеля

dün

ўчора

bugün

сёння

yarın

заўтра

sabah

раніца

öğle

абед

akşam

вечар

iş günleri

працоўныя дні

hafta sonu

выхадныя

yıl
год

yağmur
дождж
gökkuşağı
вясёлка
rüzgar
вецер
kara
снег
bahar
вясна
yaz
лета
sonbahar
восень
kış
зіма

4.APRIL 11°
5.APRIL 4°
6.APRIL 13°
7.APRIL 8°
8.APRIL 10°

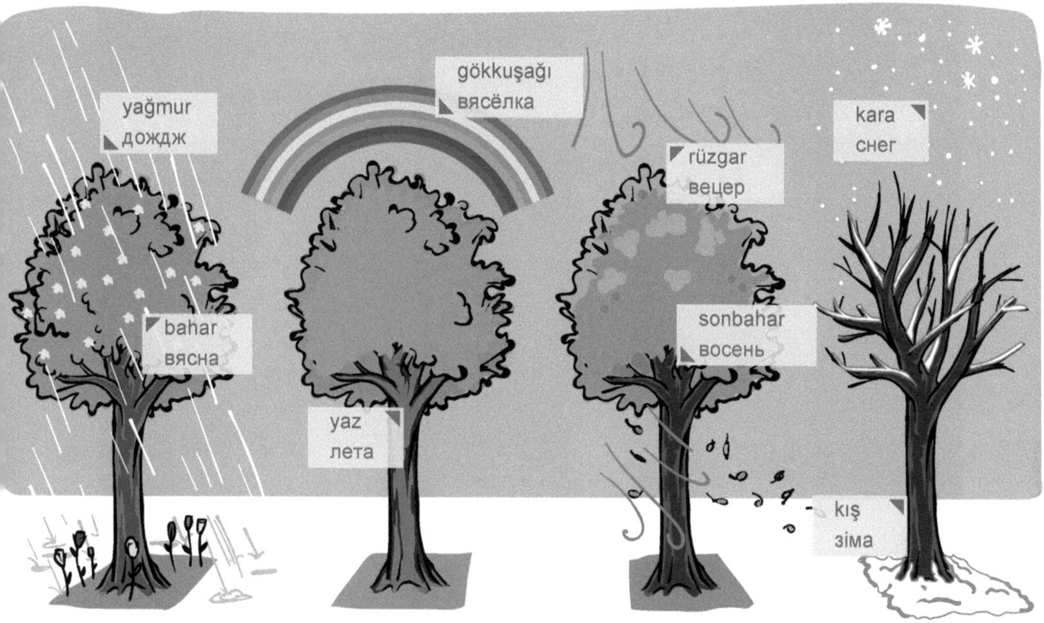

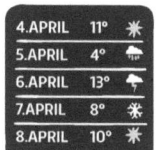

hava durumu tahmini

прагноз надвор'я

F C
120 40
90 30
60 20
30 10
0 0
-30 -10
-20

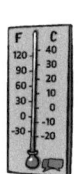

termometre

градуснік

güneş ışığı

сонечнае святло

bulut

воблака

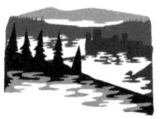

sis

туман

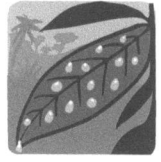

nem

вільготнасць паветра

şimşek

маланка

gök gürültüsü

гром

fırtına

бура

dolu

град

muson

мусонны вецер

sel

прыліў

buz

лёд

Ocak

студзень

Şubat

люты

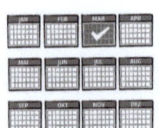

Mart

сакавік

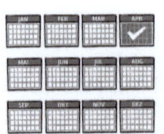

Nisan

красавік

Mayıs

май

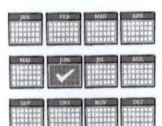

Haziran

чэрвень

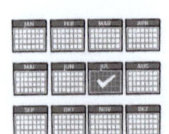

Temmuz

ліпень

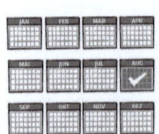

Ağustos

жнівень

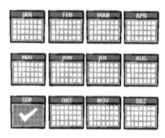

Eylül
....
верасень

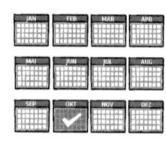

Ekim
....
кастрычнік

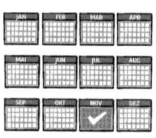

Kasım
....
лістапад

Aralık
....
снежань

şekiller
формы

daire
....
круг

kare
....
квадрат

dikdörtgen
....
прамавугольнік

üçgen
....
трохвугольнік

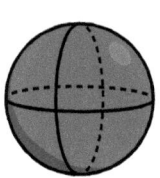

küre
....
шар

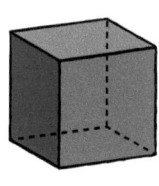

küp
....
куб

beyaz

белы

sarı

жоўты

turuncu

аранжавы

pembe

ружовы

kırmızı

чырвоны

mor

фіялетавы

mavi

сіні

yeşil

зялёны

kahverengi

карычневы

gri

шэры

siyah

чорны

çok / az

шмат / мала

kızgın / sakin

злы / добры

güzel / çirkin

прыгожы / брыдкі

başlangıç / son

пачатак / канец

büyük / küçük

высокі / малы

parlak / karanlık

светлы / цёмны

erkek kardeş / kız kardeş

сястра / брат

temiz / kirli

чысты / брудны

tamam / eksik

поўны / няпоўны

gün / gece

дзень / ноч

ölü / canlı

мёртвы / жывы

geniş / dar

шырокі / вузкі

yenilebilir / yenilemez

ядомы / неядомы

kötü / iyi

злы / добры

heyecanlı / sıkılmış

узбуджаны / нудны

şişman / zayıf

тоўсты / тонкі

ilk / son

першы / апошні

dost / düşman

сябар / вораг

dolu / boş

поўны / пусты

sert / yumuşak

цвёрды / мяккі

ağır / hafif

важкі / лёгкі

açlık / susuzluk

голад / смага

hasta / sağlıklı

хворы / здаровы

yasa dışı / yasal

нелегальны / легальны

zeki / aptal

разумны / дурны

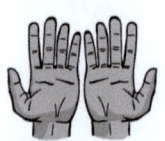

sol / sağ

левы / правы

yakın / uzak

побач / далёка

yeni / kullanılmış

новы / былы ва ўжыванні

hiçbir şey / bir şey

нічога / нешта

yaşlı / genç

стары / малады

açma / kapama

укл / выкл

açık / kapalı

адчынены / зачынены

sessiz / gürültülü

ціхі / гучны

zengin / fakir

багаты / бедны

doğru / yanlış

правільна / няправільна

pürüzlü / düz

шурпаты / гладкі

üzgün / mutlu

сумны / шчаслівы

kısa / uzun

кароткі / доўгі

yavaş / hızlı

павольны / хуткі

ıslak / kuru

вільготны / сухі

sıcak / serin

цёплы / халаднаваты

savaş / barış

вайна / мір

0

sıfır

нуль

1

bir

адзін

2

iki

два

3

üç

тры

4

dört

чатыры

5

beş

пяць

6

altı

шэсць

7

yedi

сем

8

sekiz

восем

9

dokuz

дзевяць

10

on

дзесяць

11

on bir

адзінаццаць

12

on iki

дванаццаць

13

on üç

трынаццаць

14

on dört

чатырнаццаць

15

on beş

пятнаццаць

16

on altı

шаснаццаць

17

on yedi

сямнаццаць

18

on sekiz

васямнаццаць

19

on dokuz

дзевятнаццаць

20

yirmi

дваццаць

100

yüz

сто

1.000

bin

тысяча

1.000.000

milyon

мільён

sayılar - лічбы

İngilizce

англійская

Amerikan İngilizcesi

англійская (Амерыка)

Çince (Mandarin)

кітайская мандарынская

Hintçe

хіндзі

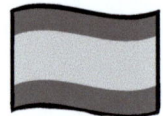

İspanyolca

іспанская

Fransızca

французская

Arapça

арабская

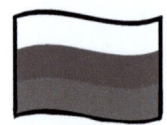

Rusça

руская

Portekizce

партугальская

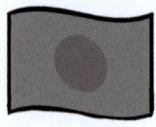

Bengalce

бенгальская

Almanca

нямецкая

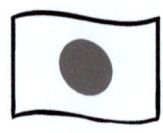

Japonca

японская

ben

я

sen

ты

o

ён / яна / яно

biz

мы

siz

вы

onlar

яны

kim?

хто?

ne?

што?

nasıl?

як?

nerede?

дзе?

ne zaman?

калі?

isim

імя

arkasında
....
за

içinde
....
у

önünde
....
перад

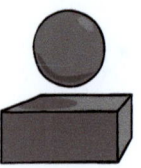

üzerinde
....
над

üstünde
....
на

altında
....
пад

yanında
....
каля

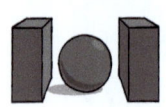

arasında
....
паміж

yer
....
месца